Hans E. Schumacher

Wirkungen des Mondes auf den Menschen

Rhythmen im Lebendigen

Planetenwirkungen auf Pflanze, Tier und Mensch
unter besonderer Berücksichtigung der Mondeinflüsse
auf so genannte »schwierige Kinder«,
einschließlich medizinischer Aspekte.

Bibliografische Information der Deutschen Nationalbibliothek:
Die Deutsche Nationalbibliothek verzeichnet diese Publikation in der
Deutschen Nationalbibliografie;
detaillierte bibliografische Daten sind im Internet über
http://dnb.d-nb.de abrufbar.

© 2011 Hans E. Schumacher
Satz, Umschlaggestaltung, Herstellung und Verlag:
Books on Demand GmbH, Norderstedt
ISBN: 978-3-8448-7162-3

Inhalt

*Trage die Sonne auf die Erde, **o Mensch**,*
Du bist zwischen Licht und Finsternis gestellt.
Sei ein Kämpfer des Lichtes!
Liebe die Erde in einem leuchtenden Edelstein.
Verwandle die Pflanzen, verwandle die Tiere,
Verwandle Dich selbst!

Spruch aus Persien

Einleitung

Mit diesem Buch möchte ich die Leser da zu anregen, zu beobachten, wie die rhythmischen Bewegungen von Sonne, Erde und Mond mit den körperlichen Rhythmen, wie Puls- und Atemrhythmus mit den Bewegungen der Sonne im Kosmos, der Stoffwechselrhythmus der Leber mit den Bewegungen der Erde im Kosmos, und vielerlei Vorgänge in der Natur, bei Pflanze, Tier und Mensch von den Bewegungen des Mondes im Kosmos beeinflusst werden.

Darüber hinaus wird eine Malweise beschrieben, in welcher fast alle Kinder ab etwa dem 6. Lebensjahr und viele erwachsene Menschen (besonders im Falle von Krankheit) malen, welcher der fünf verschiedenen Mondrhythmen sie beeinflussen, ohne dass dieses bemerkt wird.

Insbesondere werden die Wirkungen des Mondes im Bezug zur Pädagogik, der Heilpädagogik und zu Beobachtungen im Bereich der Medizin mit dem Schwerpunkt Homöopathie behandelt.

Ein Teil dieses Wissens geht auf frühere Kulturen zurück, so dass ein Rückblick auf die Geschichte der Menschheit notwendig wurde, um Zusammenhänge mit der heutigen Realität aufzuzeigen.

Hans E. Schumacher

Die Mondrhythmen
und ihre Wirkung auf den Menschen

Normalerweise hat der Mensch sich so weit vom Geschehen im Kosmos emanzipiert, dass die Planetenrhythmen sich nur noch in den Körperfunktionen, wie z. B. der weiblichen Regel widerspiegeln, diese aber normalerweise nicht mehr mit dem Geschehen am Himmel zusammenfallen. Die Naturvölker seien hier einmal ausgenommen. Dieses ändert sich, wenn wir krank werden, aus dem inneren Gleichgewicht kommen, oder wenn z. B. Kinder sich in ihren Wesensgliedern ungleich entwickeln, so dass der physische Leib nicht mehr mit der Entwicklung von Seele, Geist und ICH, oder anders ausgedrückt, von Ätherleib, Astralleib und ICH in der entsprechenden Altersstufe in Einklang steht. Einige dieser Kinder sind dadurch ein ganz klein wenig zu viel Pflanze und reagieren auf den aufsteigenden und absteigenden Mond wie die Pflanzen, andere Kinder sind dadurch ein ganz klein wenig zuviel Tier und reagieren auf den siderischen Mond, wie z. B. die Bienen.

Wenn man Planetenwirkungen beobachten will, so muss man sich zunächst auf die Planeten beschränken, welche uns am stärksten beeinflussen. Neben der Sonne und den Rhythmen der Erde ist dieses der Mond.

Von den fünf Mondenrhythmen kennen wir normalerweise nur den Vollmond-Neumondrhythmus, den so genannten **synodischen Mond**, welcher 29,3 Tage dauert. Ein Mondenjahr (12 mal 29,333) hat 352 Tage. Der Mondkalender der arabischen Völker oder islamischen Völker verschiebt sich also jährlich um 12 Tage, so dass sich z. B. der Fastenmonat Ramadan jedes Jahr um 12 Tage verschiebt. Aus der Differenz von Mondenjahr und Sonnenjahr ergeben sich die zwölf heiligen Tage und heiligen Nächte, welche schon in der germanischen Mythologie (Traumlied des Olaf Aosteson) eine Rolle spielten und welche vom Christentum übernommen wurden, allerdings mit einer Verschiebung von vier Tagen; von der Wintersonnenwende 21. 12. bis zum 24. 12. dem heiligen Abend.

Die christlichen Kirchen beginnen ja das Sonnen- und Mondenjahr am 6. 1. So endet das Mondenjahr am 24. 12., das Sonnenjahr aber am 5. 1.

Ein weiterer Mondenrhythmus ist der **siderische Mond**. Hierunter versteht man den Durchlauf des Mondes durch den Tierkreis in 27,077 Tagen. Da die Sonne inzwischen ein Sternbild weiter gewandert ist, benötigt der Mond noch 2,256 Tage, bis wieder Vollmond sein kann. Die Fixsterne des Tierkreises sind dabei die Meilensteine, an denen sich die Positionen der Planeten, also auch des Mondes, festmachen lassen. Die Wirkungen des Mondes bei seinem Durchlauf durch den Tierkreis sind in der Landwirtschaft, im Gartenbau und der Imkerei seit langem bekannt. Dort wird erfolgreich mit ihnen gearbeitet.

Die Wirkungsweisen des siderischen Mondes werden in Trigonen zusammengefasst.

Diese Wirkungsdreiecke oder Trigone sind folgende:

Die Trigone

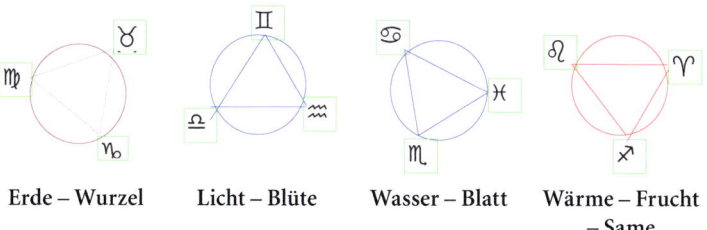

Erde – Wurzel   Licht – Blüte   Wasser – Blatt   Wärme – Frucht
                                                    – Same

In den Zeiten, in denen sich der Mond vor dem Wasser-Trigon befindet, sind z. B. die Bienen sehr stechlustig. Befindet sich der Mond aber vor dem Licht-Trigon, kann man sogar mit Schülern an den Bienen arbeiten, sie lassen sich auch vorsichtig streicheln, ohne dass sie unruhig werden oder stechen.

Frauen, welche vom siderischen Mond beeinflusst werden und ihre Periode in einem 27 Tage Rhythmus haben, bekommen Probleme, wenn z. B. durch die Pille ihr Zyklus auf 29 Tage umgestellt wird. Dieses zeigt sich dann in Reizbarkeit, Depressionen und dergleichen mehr. Diese Symptome verschwinden meist, wenn durch weglassen von 2 Pillen der alte Rhythmus der Regel wieder hergestellt wird.

Der dritte Mondrhythmus ist der Rhythmus des **tropischen Mondes**, oder des aufsteigenden und absteigenden Mondes, er umfasst im Mittel etwa 28 Tage, denn der tropische Mond ist kein fester, sondern ein in Grenzen schwankender Rhythmus. Die Sonne ist vom 21. 12. bis 21. 6. aufsteigend und vom 21. 6. bis zum 21. 12. absteigend. Die Sonne vollzieht diesen Rhythmus einmal im Jahr, der Mond aber einmal im Monat. Man kann den tropischen Mond am besten beobachten, wenn man sich die Punkte merkt, an denen beim Aufgang oder Untergang der Mond über den Horizont kommt, oder darunter verschwindet. Während des aufsteigenden Mondes verschieben sich die Aufgangspunkte nach Osten und die Untergangspunkte nach Westen. Während des absteigenden

Mondes verschieben sich sowohl die Aufgangspunkte, als auch die Untergangspunkte in Richtung Süden. Wie bei der Sonne werden auch beim Mond die Bögen über den Himmel in der aufsteigenden Phase immer größer und in der absteigenden Phase immer kleiner. Die Gärtner kennen den absteigenden Mond als Pflanzzeit, den aufsteigenden Mond als Nicht-Pflanzzeit. Während des absteigenden Mondes verdunsten die Pflanzen weniger Wasser. Teilweise haben sie auch einen geringeren Zellinnendruck in den äußersten Triebspitzen, wie es z. B. bei der Birke gemessen wurde. Hier ist ein Beispiel dafür, dass Mikrokosmos und Makrokosmos gleich reagieren.

Ein weiterer Rhythmus ist der **anomalistische Mondrhythmus** mit 27,6 Tagen. Er wird auch Erdnähe (Pg) und Erdferne (Ag) genannt.

Als letzten Mondrhythmus haben wir den **drakonischen Mond**. Hierunter versteht man die Kreuzungen der Mondbahn mit der Sonnenbahn, die so genannten Mondknoten in 27,2 Tagen. Ein voller Durchgang der Knotenstellungen durch den Tierkreis dauert 18,6 Jahre. In der Esoterik wird dieser Zeitspanne eine gewisse Bedeutung in der Schicksalsentwicklung des Menschen zugeschrieben. Nach meinen Beobachtungen wirkt hier auch ein Mondrhythmus von 19 Jahren, z. B. Geburt bei Vollmond, so hat man erst nach 19 Jahren wieder Geburtstag bei Vollmond!

In der ökologischen Landwirtschaft und dem ökologischen Gartenbau richtet man sich zum einen nach dem Rhythmus des tropischen oder des aufsteigenden und absteigenden Mondes. Dabei wird der absteigende Mond als Pflanzzeit bezeichnet. Aussaaten in dieser Zeit gehen meistens schneller und besser auf, Steckhölzer machen schneller Wurzeln etc. Die Forschungen und Versuche von Maria Thun (Aussaattagekalender) belegen dieses eindeutig. So lassen sich z. B. Möhren und Äpfel, welche in der Zeit des absteigenden Mondes, besonders an Blütentagen geerntet werden, länger lagern (Versuche von Dr. v. Wistinghausen, Darmstadt). Daher sollte der Weihnachtsbaum an einem solchen Tag geschlagen werden, damit er lange nicht nadelt. Generell kann gesagt werden, dass die Pflanzen bei aufsteigendem Mond mehr Wasser aufnehmen und in sich speichern als bei absteigendem Mond. Daher sind bei absteigendem Mond geerntete Pflanzenprodukte lagerfähiger.

Darüber hinaus richtet man sich noch nach dem siderischen Mond (Durchgang durch den Tierkreis) und/oder nach dem synodischen Mond (Vollmond/Neumond).

Hier weichen die Versuche von Maria Thun und die Versuche von Dr. Spieß teilweise erheblich voneinander ab, denn Dr. Spieß weist in seinen Versuchen recht klar nach, dass Aussaaten erheblich vom synodischen Mond beeinflusst werden. Nach meinen Erfahrungen, hängen diese Abweichungen mit dem Standort zusammen; auf Lehm und Lößböden ist die Wirkung des siderischen Mondes stärker, dagegen ist auf reinen Sandböden die Wirkung des synodischen Mondes stärker. Vermutlich spielen hier Kieselgehalt und Wasseranteil im Boden eine erhebliche Rolle. Dieses kann sicher nur durch vergleichende Versuche auf verschiedenen Böden geklärt werden.

Eindeutig ist, dass durch die Agrochemikalien, wie sie in der konventionellen Landwirtschaft eingesetzt werden, die Empfindlichkeit des Bodenlebens und der Pflanzen so beeinflusst wird, dass Planetenwirkungen nicht mehr signifikant sichtbar sind.

In der Imkerei zeigen die Erfahrungen eindeutig, dass die Bienen nach der Sonne am stärksten von den Wirkungen des siderischen Mondes beeinflusst werden. Steht der Mond vor den Sternbildern Wassermann ♒, Zwillinge ♊ und Waage ♎ (Licht-Blüte Trigon), haben die Bienen keine Neigung zu stechen, steht der Mond dagegen vor den Sternbildern Fische♓, Krebs♋ und Skorpion♏ (Wasser-Blatt Trigon), ist die Stechlust der Bienen sehr groß. Während der übrigen Zeiten ist das Verhalten der Bienen indifferent.

Wie wirken nun die verschiedenen Mondenrhythmen auf den Menschen? Hat der Mensch sich so weit von der Natur emanzipiert, dass er von Planetenwirkungen, besonders von den Wirkungen des Mondes nicht tangiert wird? Nicht wenige Menschen glauben, dass ihr Wohlbefinden vom Mond beeinflusst wird. In Unkenntnis anderer Mondrhythmen wird im Regelfall der synodische Mond dafür verantwortlich gemacht, obwohl einer der anderen Mondrhythmen das Befinden dieses Menschen beeinflusst. Einige erfahrene Ärzte und Pädagogen haben Erfahrungen mit Wirkungen der verschiedenen Mondrhythmen und beziehen diese auch in ihre Tätigkeit mit ein. Sie können aber diese Erfahrungen, so weit mir bekannt ist, nicht nach wissenschaftlichen Gesichtspunkten belegen oder beweisen. Meistens sind diese Ärzte oder Pädagogen Hobbyimker oder Hobbygärtner, so dass sie sich schon mit den Wirkungen der verschiedenen Mondrhythmen befasst haben und ihnen daher bei ihren Patienten oder den Kindern, mit denen sie arbeiten, rhythmische Zusammenhänge im Verhalten der Patienten oder Kinder auffallen. So gibt es in Frankfurt einen Arzt, welcher auch Imker ist. Dieser hat beobachtet, dass bei Nierenoperationen während des absteigenden Mondes weniger Nachblutungen und Komplikationen auftreten, als in der Zeit des aufsteigenden Mondes. Er hat zuletzt nicht mehr an den Tagen des Wasser-Blatt-Trigons im aufsteigenden Mond operiert. Da er aber auf Dauer seine Operationstermine im Klinikum nicht durchsetzen konnte, hat er sich als Internist und Nephrologe selbständig gemacht.

Wie können wir feststellen, welcher Mondrhythmus den Menschen beeinflusst?

Wenn wir nun die so genannten »schwierigen Kinder« ohne klare medizinische Diagnose bis zum 10. Lebensjahr beobachten, so ist es ja für diese Kinder charakteristisch, dass sie an einem Tag viele Dinge, z.B. Kopfrechnen, gut oder sehr gut können und am nächsten Tag dabei völlig versagen. Wenn wir noch genauer beobachten, werden wir feststellen, dass dieses Können und Nicht-Können in Rhythmen auftreten kann. Bei genauerem Hinsehen merken wir, dass diese Rhythmen mit Mondrhythmen in Einklang stehen. Malen wir nun mit diesen Kindern jeden Tag einen Baum in der nachfolgend beschriebenen Weise, zeigen uns diese Kinder mit den von ihnen gemalten Bäumen, ob sie **positiv** und negativ vom Mond, ja sogar von welchem Mondrhythmus, sie **positiv** und negativ beeinflusst werden. Schon alleine, dass Eltern, Lehrer und Erzieher erkennen, dass diese Kinder an manchen Tagen **nicht können**, ist für diese Kinder sehr hilfreich, denn sie **wollen** ja etwas leisten. Zu oft wirft man diesen Kindern **Nicht-Wollen** vor, ohne zu erkennen, dass sie in Wirklichkeit nicht können.

Es gibt drei verschiedene Wirksamkeiten des Mondes, welche wir sowohl bei Pflanze und Tier, als auch beim Menschen, getrennt betrachten müssen. Dieses sind:

1. Der Vollmond – Neumond – Rhythmus, auch **synodischer Mond** genannt. Dieser Mondenrhythmus spielt nach meinen Beobachtungen bis zum 10. Lebensjahr bei den so genannten »schwierigen« Kindern eine untergeordnete Rolle

und wird erst nach dem Rubikon und mit Beginn der Pubertät signifikant wirksam.

2. Der **siderische Mondrhythmus**. Hiermit ist der Durchlauf des Mondes durch den Tierkreis gemeint. Reagiert ein Kind auf den siderischen Mond, so hat es nach meinen Beobachtungen immer seine harmonische Phase, welche gleichzeitig seine Leistungsphase ist, in den Zeiten, in welchen der Mond vor dem Licht – Blüte – Trigon (nach Maria Thun), also vor Wassermann, Zwillingen und Waage steht; die kritische Zeit liegt im Wasser – Blatt – Trigon, also wenn der Mond vor Fischen, Krebs und Skorpion steht. Wenn ein Kind vom siderischen Mond beeinflusst wird, wechseln seine Harmoniephasen, seine indifferenten Phasen und seine Disharmoniephasen fast täglich, so dass es für den Lehrer nicht leicht ist zu erkennen, dass dieser Wechsel mit dem siderischen Mond in Zusammenhang steht. Diese Kinder bevorzugen fast immer die Farbe rot.

3. Der aufsteigende und absteigende oder tropische Mond. Reagiert ein Kind auf diesen Mondrhythmus, so bevorzugt es nach meinen Beobachtungen in der Zeit des absteigenden Mondes, der Harmoniephase und Leistungsphase, die Farbe gelb, in der Zeit des aufsteigenden Mondes die Farbe blau. Am kritischsten sind die letzten Tage des aufsteigenden Mondes. Bei einem Kind, welches von diesem Mondrhythmus beeinflusst wird, haben wir es mit der Beobachtung leichter, denn die Harmonie – und Disharmoniephasen (Pflanzzeit und nicht – Pflanzzeit nach Maria Thun) wechseln ungefähr in einem zweiwöchigen Rhythmus, wobei der Wechsel von Disharmonie zu Harmonie sehr abrupt ist, während sich die Disharmonie langsam verstärkt, bis es zu Eskalationen kommt.

Der anomalistische und der drakonische Mondrhythmus schlugen sich bei meinen Beobachtungen nicht signifikant nieder, eine Beeinflussung kann aber im Einzelfall nicht ausgeschlossen werden.

Nach meinen Erfahrungen werden mehr als 90 % der so genannten »schwierigen Kinder« ohne klare medizinische Diagnose stark von dem einen oder dem anderen der beiden wichtigen Mondrhythmen, dem siderischen oder dem tropischen Mond beeinflusst. Wie aber können wir erkennen, ob eines der so genannten »schwierigen Kinder« von einem der Mondrhythmen beeinflusst wird oder nicht und wie bekommen wir heraus, welcher dieser Mondrhythmen das Kind tangiert?

Zunächst haben wir die Beobachtungen aus dem täglichen Unterricht, welche wir mit dem Aussaattagekalender vergleichen können. Wenn wir zunächst im Aussaattagekalender nur täglich vermerken positiv +, negativ -, indifferent #, so sehen wir relativ schnell, etwa in einem Monat, ob sich Übereinstimmungen mit einem Mondrhythmus ergeben oder nicht. Wenn wir die Vermutung haben, dass ein Kind vom Mond beeinflusst wird, sollten wir in folgender Weise einen Monat, möglichst jeden Tag das Kind einen Baum malen lassen:

1. Die Kinder müssen vor dem Malen zur Ruhe gebracht werden, z. B. dadurch, dass man mit den Kindern flötet oder Tonübungen summt etc.

2. Die Kinder müssen alleine sein, denn bei zwei oder mehr Kindern malt das schwächere Kind vom stärkeren ab.

3. Bei dem Malen mit Wachsblöckchen der Farben blau, gelb und rot (bitte keine Mischfarben verwenden) wird zunächst mit der schmalen Seite des Blöckchens ein Rahmen um das

Blatt gemalt, damit das Kind den Raum einteilen kann. Es setzt sich so eine Begrenzung, welche es im Unterbewusstsein akzeptiert. Danach malt das Kind mit der großen Seite des Blöckchens den Himmel so, dass nichts mehr auf dem Blatt weiß ist, denn der Himmel geht bis zur Erde. Nun wird mit gelb auf dem blau die grüne Erde gemalt.

4. Nun soll das Kind von der grünen Erde aus das rote Blöckchen mit der schmalen Seite zu einem Baum schieben. Die Gestalt des Baumes, die Anzahl und Anordnung der Äste darf nicht durch den Erwachsenen beeinflusst werde. Ich zeige sowohl den Kindern, wie den Erwachsene, auf einem gesonderten Blatt, wie das Blöckchen zu einem Baum geschoben wird. Die Menschen malen dann ihren individuellen Baum in das Bild.

5. Zum Abschluss wird mit gelb die grüne Blätterkrone gemalt. Wenn das Kind kleine Einzelne Blätter malen will, soll man es nicht korrigieren.

6. Man muss darauf achten, dass die Kinder beim Malen die Reihenfolge einhalten, darf sie in der Malerei aber nicht korrigieren, auch nicht bei der Wahl der Farbe für den Rahmen, oder der Form des Baumes.

Allerdings muss man dem Kind manchmal das Heft wegnehmen, wenn es über den Baum hinaus weitere Dinge hinzumalen möchte. Besonders Kinder, welche auf den siderischen Mond reagieren, neigen dazu, noch alles Mögliche hinzuzufügen, was die Vergleichbarkeit beeinträchtigt. Auch darf nur mit Wachsblöckchen gemalt werden, weil die Kinder nur mit diesen flächig malen können. In den Phasen der Harmonie malen die Kinder überwiegend flächig, in den Phasen der Disharmonie strichhaft mit der Kante oder Ecke.

Nun vergleicht man die von dem Kind gemalten Bilder mit einem Mondkalender. Malt das Kind 2 Wochen einen blauen Rand und dann 2 Wochen einen gelben Rand, so ist es mit Sicherheit vom tropischen Mond beeinflusst. In den letzten Tagen des aufsteigenden Mondes zeigen die Bilder des Kindes plötzlich viele strichhafte Elemente, wogegen schon das erste Bild mit dem gelben Rand flächig gemalt ist. Nur wenn das Kind in der Phase des absteigenden Mondes krank wird, malt es gelegentlich auch in dieser Phase einen blauen Rand.

Die Kinder, welche überwiegend vom tropischen Mond beeinflusst werden, haben oft noch eine weitere, rhythmisch wechselnde Auffälligkeit, welche gut beobachtet werden kann. Plastiziert man mit diesen Kindern in der Zeit des absteigenden Mondes (Pflanzzeit), so wird der Ton in ihren Händen schnell trocken. Hände und Ton müssen ständig feucht gemacht werden. In der Zeit des aufsteigenden Mondes tritt dieses Problem nicht auf. In der Zeit des absteigenden Mondes können diese Kinder oft mit Wasserfarben gut umgehen, während in der Zeit des aufsteigenden Mondes diese Kinder meist zu nasse Blätter haben und ihnen die Farben ständig ineinander laufen. Es ist daher in der Therapie sinnvoll, nur in der Zeit des absteigenden Mondes diese Kinder mit Wasserfarben malen zu lassen und in der Zeit des aufsteigenden Mondes mit ihnen zu plastizieren, damit die Arbeiten gelingen und sie Erfolgserlebnisse bekommen. Hier ist auch die Medizin gefragt, denn offensichtlich ändert sich der Wärme- und Wasserhaushalt dieser Kinder oft mit dem Mondrhythmus. Wenn diese Kinder in eine positive Entwicklung kommen und ihre Schwierigkeiten überwinden, also nicht mehr so stark auf den tropischen Mond reagieren, verschwindet auch dieses Phänomen. Bei Kindern, welche überwiegend vom siderischen Mond beeinflusst werden, tritt dieses Phänomen nach meinen Beobachtungen nicht auf, hier scheinen die Reaktionen von Mikrokosmos und Makrokosmos in diesem Bereich in Einklang zu sein. Mit Medikamenten der

Homöopathie kann im Einzelfall diese Entwicklung wirksam unterstützt und beschleunigt werden. Dabei ist zu beachten, dass bei Kindern, welche auf den tropischen Mond reagieren, im Regelfall die Medikamente mit dem Mondrhythmus gewechselt werden müssen.

Bilder eines Mädchens (3. Schuljahr), welches stark vom tropischen Mond beeinflusst wird.
Bild 1 vor dem Mondwechsel vom Aufsteigen zum Absteigen,
Bild 2 am nächsten Tag, nach dem Mondwechsel.]

Sind die Ränder rot gemalt, überwiegt der Einfluss des siderischen Mondes. Diese Kinder malen, wenn es ihnen nicht gut geht, oder sie krank sind gelegentlich auch einen blauen Rand, gelbe Ränder kommen bei diesen Kindern nicht vor. Vergleicht man nun die Bilder von den Licht-Tagen mit den Bildern der Wasser-Tage, so wird man sehen, dass die Bilder der Licht-Tage gegenüber den Bildern der Wasser-Tage harmonisch wirken. Sie sind flächig gemalt, während die Bilder der Wasser-Tage viele strichhafte Elemente aufweisen. Meistens werden an den »Wasser-Tagen« dunklere Farben gemalt, als an den »Licht-Tagen«. In den **positiven** Phasen malen die Kinder flächig, in den negativen Phasen strichhaft.

Bilder eines Jungen (1. Schuljahr), welcher stark vom siderischen Mond beeinflusst wird.
Bild 3 Wassertag in der aufsteigenden Mondphase, Bild 4 Lichttag in der absteigenden Mondphase.]

Diese Ergebnisse sind auch auf die meisten Erwachsene übertrag-
bar!

Neben der Malweise kann man auch, wenn man geübt ist, mit
einer Einhandrute, der Kinesiologie, oder anderen Methoden
feststellen, von welchem Mondrhythmus ein Mensch beeinflusst
wird. Durch die Malweise wird das Ergebnis auch für den Laien
sichtbar.

Gesunde Kinder und Erwachsene zeigen in dieser Malweise z. B. ob sie musisch, oder naturwissenschaftlich begabt sind. Auch kann man in den Bildern das Temperament des malenden erkennen. Wenn Sie erst mal Erfahrungen mit dieser Malweise gemacht haben, können Sie aus der Art des Malens und dem Bild sehr viel über den Menschen erfahren, der gemalt hat. So malen Menschen mit Stoffwechselstörungen andere Bäume, als Menschen mit psychosomatischen Problemen. In der Praxis kann neben dem Mondrhythmus auch eine Diagnose durch die Malweise bestätigt oder verworfen werden, wenn Sie einige Erfahrung im Lesen der Bilder haben.

Weitere, auch medizinische Erfahrungen

Sehr hilfreich ist in diesem Zusammenhang der Aussaattagekalender von Maria Thun und ihre Hinweise aus der Konstellationsforschung. Auch das Buch »ERDE und MENSCH« von Guenther Wachsmuth hilft, dieses Verständnis für die Besonderheiten dieser Kinder zu entwickeln, um zu einer Therapie zu kommen, mit der diese Kinder die Mondeneinflüsse überwinden können. Allein dadurch, dass wir wissen, wann ein Kind seine positive und negative Phase hat, können wir ihm helfen, diese Phänomene zu überwinden. Wir werden in den negativen Phasen nicht mehr von Eskalationen wie Wutausbrüchen etc. überrascht und können in den positiven Phasen die Kinder gezielt fordern, so dass sie **Erfolgserlebnisse** haben und so in eine positive Entwicklung kommen und die Mondeinflüsse langsam überwinden lernen. Oft gelingt ihnen dieses schon innerhalb eines Jahres.

In der Zusammenarbeit mit der Ita-Wegmann-Schule, eine Sonderschule in Benefeld, zeigt sich, dass besonders die »erziehungsschwierigen« Kinder, welche sich nur schwer in Gruppen einordnen können, neben dem Mondrhythmus, der sie tangiert, auch deutlich ihre emotionalen Störungen malen, so dass die Ursache sichtbar ist und eine Behandlung möglich wird.

Meine Erfahrungen zeigen, dass auch viele Erwachsenen von dem einen, oder dem anderen Mondrhythmus beeinflusst werden, ohne dass sie dieses bewusst wahrnehmen. Unfallstatistiken zeigen jedoch einen Anstieg der Unfälle, wenn die kritischen Tage des tropischen Mondes mit den kritischen Tagen des siderischen Mondes zusammenfallen.

In der Medizin zeichnet sich ab, dass bei Menschen, welche auf den tropischen Mond reagieren, Homöopathica, Potenzen der Homöopathie oder Bachblütenessenzen mit dem Mondrhythmus gewechselt werden müssen, wenn eine optimale Wirkung erzielt werden soll. Als Beispiel hier nur einige Medikamentenzusammenstellungen, deren Wechsel mit dem Mondrhythmus sich in der Praxis von Heilpraktikern mehrfach bewährt hat:

Aufsteigende Mondphase	Absteigende Mondphase
Zincum metallicum	Plumbum metallicum (Hyperaktivität)
Zincum metallicum	Magnesium carbonicum (Krämpfe)
Mandragora e radice	Lycopodium calvatum
Mandragora e radice	Nux vomica
Colchicum autumnale	eratrum album
Arsenicum album	Nux Vomica

Beim Wechsel der Mondphasen muss auf die Uhrzeit geachtet werden, da der Wechsel der Wirkungen der Mondphasen auf den Menschen teilweise innerhalb einer Stunde erfolgt.

Allerdings gibt es auch Medikamente, welche diesem Personenkreis nur in der absteigenden Mondphase gegeben werden dürfen, da sie in der Aufsteigenden Mondphase zur Verschlimmerung der Beschwerden führen können. Zu ihnen gehört z. B. Mercurius in seinen verschiedenen Formen. **Die individuelle Medikation und Beobachtung ist hier besonders wichtig.**

Die Menschen, welche vom auf- und absteigenden Mond tangiert werden haben ja in der absteigenden Mondphase einen Wärmeüberschuss, beziehungsweise eine andere Wärmequalität (keine erhöhte Temperatur). Dadurch können sie in dieser Zeit nicht erfolgreich mit Ton plastizieren, sondern sie sollten mit Wasserfarben malen.

In der aufsteigenden Mondphase haben sie einen anderen Bezug zum Wässrigen, daher sollten sie in dieser Phase plastizieren. In der Heilpraktikerpraxis zeigt sich, dass diese Patienten in der absteigenden Mondphase teilweise zu Verstopfungen, in der aufsteigenden Mondphase zu Durchfällen neigen. Diese Beobachtungen sollten zum Beispiel bei der Heileurythmie Berücksichtigung finden. So muss zum Beispiel das **R** in der aufsteigenden Mondphase vermieden werden. Ableitungen und Entgiftungen sollten möglichst in der aufsteigenden Mondphase stattfinden. In der absteigenden Mondphase lassen sich mit Erfolg Desensibilisationen von Allergikern durchführen.

Auch haben diese Menschen teilweise in der absteigenden Mondphase eine andere Beziehung zum Sonnenlicht, so dass Hypericum in jeder Form (Globuli oder Bäder) vermieden werden sollten. Im Einzellfall können jedoch Bäder mit Hypericum in der aufsteigenden Mondphase durchaus hilfreich sein.

Bei Menschen, welche auf den siderischen Mond reagieren, wird man bei der Akupunktur und Elektroakupunktur feststellen, dass z. B. der Blasenmeridian an »Wassertagen« gut und an »Lichttagen« schlecht zu finden ist. Auch die Erfolge der Akupunktur werden dadurch beeinflusst. Eventuell muss an »Lichttagen« auf den Lungenmeridian ausgewichen werden. Die vielfältigen Beobachtungen in diesem Bereich sind noch nicht ausreichend, um allgemeingültige Regeln daraus ableiten zu können.

Da ein Wechsel von Medikamenten alle 2 – 3 Tage nicht möglich ist, einzelne Homöopathica nicht die gewünschte Wirkung zeigen, können Kombinationen verschiedener Medikamente, z. B. von Weleda oder Wala hilfreich sein

Dieses sind einzelne Beobachtungen, welche noch nicht zu allgemeinen Aussagen führen können, wie die oben aufgeführten Medikamente, welche sich schon mehrfach bewährt haben.

Auch lässt sich diese Malweise als diagnostisches Hilfsmittel und zur Therapiekontrolle einsetzen, denn bei bestimmten Krankheiten wie Diabetes mellitus, Neurodermitis, Morbus Crohn, Herpes zoster (Gürtelrose), Stoffwechselerkrankungen, wie Laktoseunverträglichkeit oder eine beginnende Medikamentenallergie malen die Patienten typische Baumformen, welche sich während der Therapie verändern, so dass man den Therapieverlauf an den Formen der Bäume sehr gut ablesen kann. So lässt sich bei einem Kind mit Diabetes sehr gut an den Bildern erkennen, ob es richtig auf das Insulin eingestellt ist, oder ob es da noch Probleme gibt. Viele strichhafte Elemente deuten darauf hin, dass das Kind innerlich und mit seinen Wesensgliedern in Disharmonie ist. Sobald das Kind richtig eingestellt ist, malt es zwar die Baumform des Diabetikers, aber nicht mehr strichhaft, sondern wieder flächig. **Schon 10 Minuten nach dem eine Infusion angehängt wurde, malen die Patienten, ob das Medikament allergische Reaktionen bei ihnen auslösen kann.**

Darüber hinaus scheint sich anzudeuten, dass die Länge des Monatszyklus bei den Frauen auch davon abhängig ist, von welchem Mondrhythmus die jeweilige Frau, beziehungsweise das Mädchen beeinflusst wird. Es zeigte sich, dass Frauen, welche vom siderischen Mond beeinflusst werden, einen natürlichen Zyklus von 27 Tagen haben. Es wäre also falsch, diese Frauen auf den Zyklus des synodischen Mondes umzustellen. Depressionen, Migräne, oder übersteigertes Sexualverhalten u. a. können die Folge sein.

Da ich überwiegend mit Kindern arbeite, habe ich hier nur Hinweise und keine signifikanten Beobachtungen. Solche Beobachtungen werden auch dadurch erschwert, dass durch die Pille der Zyklus vieler Frauen auf eine einheitliche Länge gebracht wurde. Auch kann in der intensiven Phase der Pubertät der synodische Mond einen anderen Rhythmus überdecken.
Hier muss noch sehr viel geforscht werden, um im Einklang mit dem Kosmos heilen zu können.

Bilder einer Therapiekontrolle bei Neurodermitis, Junge 2. Schuljahr, vom siderischen Mond beeinflusst.
Bild 5 nach Einlieferung in die Kinderklinik.

Bild 6, 10 Minuten nach Beginn der Infusion zeigt deutlich einen Rückschritt in der Form des Baumes. Das Medikament wurde abgesetzt.

Bild 7, am nächsten Tag, 10 Minuten nach Beginn der Infusion zeigt deutlich, dass dieses Medikament das richtige Medikament zur Behandlung ist.

Bilder einer Therapiekontrolle bei Diabetes Typ 1, Unterzuckerkoma 1 Tag nach Entlassung aus der Klinik, Bild 8 vor Beginn einer erneuten Einstellung.

Bild 9, 3 Tage später, nach erfolgter Neueinstellung vor der Entlassung.
Typisch für Diabetes Typ 1, ist die Neigung des Baumes zur linken Seite.

Das Bild wurde 10 Minuten nach Beginn einer Infusion gemalt. Die rechtwinkligen Strukturen deuten schon 10 Minuten nach Beginn der Infusion auf eine Medikamentenunverträglichkeit hin.]

Geschichtliche Hintergründe

Der Mensch ist seit Urzeiten vom Sonnenrhythmus geprägt, da er sich trotz der Emanzipation vom Kosmos in den Sonnenrhythmus des »Platonischen-Weltenjahres« einfügt. Das platonische Weltenjahr ist sowohl mit der Menschheitsentwicklung als auch mit der Entwicklung jedes einzelnen Menschen im Sonnenrhythmus verbunden. Die Rhythmen des platonischen Weltenjahres beeinflussen also die Menschheitsentwicklung und jedes Einzelschicksal.

Unter dem »Platonischen-Weltenjahr« wird der Durchgang des Frühlingspunktes, das ist der Sonnenaufgang am 21. März jeden Jahres, durch den Tierkreis verstanden. Der Frühlingspunkt verschiebt sich jedes Jahr ein bisschen vor dem Hintergrund des Fixsternhimmels. Im Jahre Null war der Frühlingspunkt zwischen den Sternbildern Widder und Fische, heute ist er zwischen den Sternbildern Fische und Wassermann, so dass wir uns darüber streiten können, ob wir schon im Wassermannzeitalter oder noch in der Fische-Kulturepoche stehen.

Gehen wir einmal, ausgehend vom platonischen Weltenjahr, den Weg von der Menschheitsentwicklung zu unseren individuellen Lebensrhythmen:

Das platonische Weltenjahr umfasst 25.920 Jahre. In dieser Zeit hat die Sonne einmal mit dem Frühlingspunkt, dem Sonnenaufgang am 21. März, den gesamten Tierkreis durchlaufen. Teilen wir diese nun durch 12 Monate, so ergibt sich für einen platonischen Weltenmonat (nämlich eine menschheitliche Kulture-poche) 2.16o Jahre. Da die Tierkreiszeichen am Himmel und in ihrer Wirkung auf die Erde nicht gleich lang sind, ist dieses eine generalisierte Zahl, welche mit der kosmischen Realität nicht immer in Übereinstimmung ist, zumal es zwischen den einzelnen Kulturepochen längere und kürzere Übergangszeiten gibt.

Betrachten wir uns einmal die nachatlantischen Kulturepochen, wie sie von Rudolf Steiner beschrieben werden mit diesen generalisierten Weltenmonaten:
Atlantische Kulturepoche 10.387 – 8.227 v. Ch. (etwa gleichzeitig chinesische Kultur)

1. nachatlantische Kulturepoche; die indische Kulturepoche 8.227–6.067 v. Ch.
2. nachatlant. Kulturepoche; die persische Kulturepoche 6.067–3.907 v. Ch.
3. nachatlantische Kulturepoche; die ägyptische Kulturepoche 3.907–1.747 v. Ch.
4. nachatlant. Kulturepoche; die griechisch – römische Kulturepoche 1.747 v. Ch.–413 n. Ch.
5. nachatlantische Kulturepoche; die christliche Kulturepoche 413–2573 n. Ch.

Aus der Geschichte kennen wir die jeweiligen Symbole oder heiligen Tiere der verschiedenen Kulturepochen. Diese sind: die Zwillinge in der 2., der Stier in der 3., der Widder in der 4. und die Fische, das Symbol der ersten Christen, in der 5. nachatlantischen Kulturepoche. Aus dieser Sicht hat auch das »goldene Kalb« im alten Testament eine sehr tiefe Bedeutung, denn Israel sollte ja auf einen anderen Kulturimpuls der Menschheit vorbereitet werden. Mit dem Widder-Opfer des Abraham auf dem Berge Morija wird diese Epoche eingeleitet, denn Christus wurde geboren, als die Sonne noch im dem Sternbild des Widders stand. Der Stern von Bethlehem war eine Konjunktion von Jupiter (Stern der Könige) und Saturn (Stern der Weisen), welche nur in Kleinasien sichtbar war. Hiermit war für die Priesterkönige der damaligen Zeit klar, dass ein weiser König geboren wurde. Dieses Ereignis fand am Ende des 1. Drittels der 4. nachatlantischen Kulturepoche statt. Auch das Passah-Lamm und Christus als Lamm Gottes weisen auf den Zusammenhang des Christusereignisses mit Konstellationen im Kosmos hin. Wenn der Stern von Bethlehem genau errechnet wird, ist Christus im Jahre 7 nach Ch. geboren. Der Mönch Gregor, auf dessen Berechnungen unser heutiger Kalender basiert, hat sich somit um 7 Jahre verrechnet. Der Mönch Gregor hat für unseren Kalender den Sonnenkalender der ägyptischen Kulturepoche zugrunde gelegt. Aus dieser Sicht sind also etwa 2.160 Jahre **ein** Weltenmonat oder **eine** Kulturepoche in der Menschheitsentwicklung.

Teilen wir nun die 25.920 Jahre durch 365 (360) Weltentage, so kommen wir zu 71 (72) Jahren, welche bis zum Einsetzen der neuzeitlichen Medizin **einem** Menschenleben entsprachen (siehe auch im alten Testament: das Leben währet 70 Jahre). So gesehen dauert ein Menschenleben 25.920 Tage. Nehmen wir das Einschlafen und Aufwachen als seelisches Einatmen und Ausatmen, so ist **ein** Weltentag (unser Erdenleben) von 25.920 seelischen Atemzügen durchweht.

Seit alters her macht der gesunde Mensch im Durchschnitt 18 Atemzüge in der Minute, bei gleichzeitig 72 Pulsschlägen. Diese Zahlen wurden vor einigen Jahren durch eine Doktorarbeit unter Prof. Hildebrandt an der medizinischen Fakultät der Universität Marburg mit großem wissenschaftlichem Aufwand wieder bestätigt. 18-mal 60 mal 24 ergibt 25.920 Atemzüge am Tage. Hier haben wir die Bestätigung, dass der Mensch ein Lebewesen des Sonnenrhythmus ist.

Aber wenn wir den Menschen genauer betrachten, so finden wir im Menschen weitere Rhythmen verankert, welche **nicht** mit dem Sonnenrhythmus in Einklang zu bringen sind. Der auffälligste Rhythmus ist hierbei der Rhythmus des weiblichen Zyklus, welcher eindeutig einem Mondrhythmus verwandt ist. Bei Naturvölkern, wie z. B. bei den nomadisierenden Beduinen in der Sahara, welche noch ohne elektrisches Licht und nur in Zelten leben, haben fast alle Frauen ihre Periode in der gleichen Zeit und in Abhängigkeit von der aktuellen Mondphase, so dass eine Geburtenregelung mittels der Mondphasen möglich ist, welche bis in die heutige Zeit, also bis zum Eingreifen der Technik, relativ gut funktioniert hat.

Wie steht es nun mit dem Wach- Schlafrhythmus? Verschiedene Untersuchungen zeigen, dass dieser Rhythmus eng mit dem Rhythmus der Stoffwechselfunktionen von Leber, Niere und Bauchspeicheldrüse gekoppelt ist. Schon unser Puls- Atemrhythmus zeigt ein Verhältnis 4 : 1. Die Stoffwechselrhythmen zeigen auch 4 Phasen, welche in 24 Stunden mit der Erddrehung in Beziehung stehen. Wenn der Stoffwechselrhythmus oder der Wach- Schlafrhythmus mit der Sonne zusammenhinge, bekämen die Menschen, welche weit im Norden oder Süden unserer Erde lebten, erhebliche Probleme, wenn die Sonne nördlich oder südlich des Polarkreises nicht mehr auf – oder untergeht. Bei Tieren, welche nicht in gleicher Weise wie der Mensch sich vom Kosmos emanzipiert haben, setzt der Winterschlaf ein, wenn die Tage sehr kurz werden. Auch die Pflanzen sind noch stärker in dieses rhythmische Geschehen eingebunden. So kennen wir so genannte »Langtagspflanzen« und »Kurztagspflanzen«. Dieses sind Pflanzen, welche normalerweise in der entsprechenden Zeit blühen. Wir überlisten diese Pflanzen dadurch, dass wir Langtagspflanzen im Winter zusätzlich belichten und Kurztagspflanzen im Sommer verdunkeln, um sie zum Blühen zu bringen.

Die Stoffwechselrhythmen des Menschen laufen eindeutig synchron mit dem Atemrhythmus des Organismus Erde. Bei langen Schiffsreisen stellt sich der Körper ständig auf diesen Erdenrhythmus um, was bei Flugreisen nicht mehr möglich ist, so dass die Menschen Anpassungsprobleme bekommen.

Aber auch die Erde ist mit ihrem Rhythmus vom Mond abhängig, denn die großen Wassermassen auf der Erde werden eindeutig vom Mond beeinflusst. Besonders gut können wir dieses an den Springfluten beobachten. Seit wir die Erde von Satelliten aus beobachten und vermessen, wissen wir, dass die Erdkruste sich am Tage bis zu 3 Metern am Äquator hebt und senkt. Der Höhepunkt liegt am Tag, der Tiefpunkt in der Nacht. Wenn nun Hochflut bei Erdnähe des Neumondes und gleichzeitigem Erdentiefpunkt mit Sturm und aufsteigendem Mond im Wasser – Trigon zusammenfallen, kann es zu so genannten Springfluten kommen, besonders wenn diese Konstellation noch von anderen Planetenwirkungen beeinflusst wird. Wenn nach den Erkenntnissen des griechischen Philosophen Plato der Mikrokosmos und der Makrokosmos weitgehend gleich reagieren, dann müssten auch die Flüssigkeiten in den Organismen Pflanze, Tier und Mensch vom Mond beeinflusst sein. In den vorherigen Kapiteln haben wir gesehen, dass z. B. bei der Beeinflussung durch den Tropischen Mond, hier Zusammenhänge bestehen.

Geisteswissenschaftliche Hintergründe

Lange habe ich nach fundierten Begründungen für die Mondenwirkungen gesucht. Lediglich bei Rudolf Steiner sind diese Begründungen stichhaltig und nachvollziehbar zu finden. Rudolf Steiner hat vielfach wichtige Dinge nur einmal in einer Vortragsreihe ausgesprochen, so dass man bei ihm verschiedene Vortragsreihen miteinander in Beziehung bringen muss. Oft kann man aus der Kenntnis des einen Zyklus Textstellen in einem anderen Zyklus ergänzen und so verständlich machen. Dieses trifft in besonderer Weise für die medizinischen und pädagogischen Vorträge und den landwirtschaftlichen Kurs, bezüglich der Planetenwirkungen zu. Als Hilfe ist es noch möglich, die Karmavorträge hinzuzuziehen, in welchen Rudolf Steiner über die Planetensphären im vorgeburtlichen und nachtodlichen Leben spricht. Allerdings muss man dann beachten, dass manche Aussagen nicht in das irdische Leben übertragen werden dürfen. Zum Beispiel die Aussage: »**Der Mensch ist vom Kosmos emanzipiert!**« gilt nicht im Erdendasein bei Kindern, Jugendlichen und kranken Menschen.

Gerade der landwirtschaftliche Kurs, die allgemeine Menschenkunde und die Seminarbesprechungen zeigen, dass Rudolf Steiner kein Theoretiker und Philosoph ist, sondern ein Praktiker und Realist. Alles was er in diesen beiden Vortragsreihen und den Seminarbesprechungen sagt, hat einen unmittelbaren Bezug zur täglichen Praxis in der Landwirtschaft und in der Pädagogik, beziehungsweise Heilpädagogik.

Im landwirtschaftlichen Kurs steht der Mensch, zumindest was die Planetenwirkungen betrifft, im Mittelpunkt seiner Ausführungen. Es geht ja darum, eine »kräftebildende« Nahrung für den Menschen durch die Landwirtschaft zu erzeugen. So heißt es schon im 1. Vortrag (7. 6. 1924) in der Überschrift – Emanzipation des menschlichen und tierischen Lebens von der äußeren Welt – und nach wenigen Absätzen folgendes:

»Sehen Sie, wenn wir das Leben des Menschen betrachten und in einem gewissen Grade auch das Leben des Tieres betrachten, so haben wir eine starke Emanzipation des menschlichen und tierischen Lebens von der äußeren Welt zu verzeichnen. Je mehr wir zum Menschen heraufkommen, eine um so stärkere Emanzipation haben wir zu verzeichnen. Wir finden Erscheinungen im menschlichen und tierischen Leben, die uns zunächst heute ganz unabhängig erscheinen von der außerirdischen oder auch der unmittelbar die Erde umgebenden atmosphärischen und dergleichen Einflüssen. Das scheint nicht nur so, sondern ist sogar in Bezug auf vieles im menschlichen Leben außerordentlich richtig. Gewiß, wir wissen, dass durch gewisse atmosphärische Einflüsse die Schmerzen gewisser Krankheiten stärker werden. Wir wissen schon weniger, dass gewisse Krankheiten im Menschen so ablaufen, oder auch sonstige Lebenserscheinungen so ablaufen, dass sie in ihren Zeitverhältnissen nachbilden äußere Naturvorgänge. Aber sie stimmen im Anfang und Ende nicht mit diesen Naturvorgängen überein. Wir brauchen uns ja nur daran zu erinnern, dass eine der allerwichtigsten Erscheinungen, die weiblichen Menses, in ihrem Verlauf zeitlich Nachbildungen sind des Verlaufes der Mondphasen, allein in Anfang und Ende stimmen sie nicht damit überein. Es gibt zahlreiche andere feinere Erscheinungen, sowohl im männlichen wie im weiblichen Organismus, welche Nachbildungen sind von natürlichen Rhythmen.«

Im übernächsten Absatz wird dann gesagt: »Diese Emanzipation ist für das menschliche Leben fast vollständig im Kosmos durchge-

führt. Für das Tierische schon etwas weniger, aber das Pflanzliche ist zu einem hohen Grade noch durchaus drinnenstehend im allgemeinen Naturleben auch des äußeren Irdischen. Und daher wird es ein Verständnis des Pflanzenlebens gar nicht geben können, ohne dass bei diesem Verständnis berücksichtigt wird, wie alles das, was auf der Erde ist, eigentlich nur ein Abglanz dessen ist, was im Kosmos vor sich geht. Beim Menschen kaschiert sich das nur, weil er sich emanzipiert hat. Er trägt nur den inneren Rhythmus in sich. …«

Diese Emanzipation ist bei der Geburt des Menschen noch nicht vollständig vollzogen, sondern sie findet noch in der Entwicklung des Säuglings und Kleinkindes statt, wie in vielfältiger Weise beobachtet werden kann (1. Vortrag der allgemeinen Menschenkunde v. 21. 8. 1919). In der Seminarbesprechung vom 21. 8. 1919 sagt Rudolf Steiner folgendes:

»Nun läßt sich diese Vielartigkeit (des Menschenwesen) *zurückführen auf vier Grundtypen, und es ist die wichtigste Aufgabe des Erziehers und Lehrers, diese vier Grundtypen, die man Temperamente nennt, wirklich zu kennen. Seit alters her unterscheidet man die vier Grundtypen des sanguinischen, des melancholischen, des phlegmatischen und des cholerischen Temperamentes. …*

Wir gliedern im geisteswissenschaftlichen Sinne die Menschenwesenheit in **Ich**, **Astralleib**, **Ätherleib** *und* **physischen Leib**. *Nun würde natürlich beim Idealmenschen die von der kosmischen Ordnung vorgezeichnete Harmonie walten zwischen diesen vier Gliedern der Menschenwesenheit. Dieses ist aber in Wirklichkeit bei* **keinem** *Menschenwesen der Fall. Und schon daraus kann man ersehen, dass die Menschenwesenheit nicht eigentlich fertig abgeschlossen ist so, wie sie dem physischen Plan übergeben wird, sondern dass Erziehung und Unterricht dazu dienen sollen, einen vollständigen Menschen aus dem Menschen zu machen. Eines der vier Elemente waltet vor bei einem jeden, und es muss Ergebnis von*

Erziehung und Unterricht sein, die Harmonisierung zwischen den vier Gliedern herzustellen.

Waltet das Ich besonders vor, das heißt, ist das Ich schon beim Kinde sehr stark entwickelt, dann tritt uns das Kind entgegen mit einem melancholischen Temperament. Man verkennt diese Tatsache sehr leicht, weil man melancholische Kinder manchmal als bevorzugte Wesen ansieht. Eigentlich beruht die melancholische Anlage beim Kinde auf einem Vorherrschen des Ich in den allerersten Jahren.

Waltet der Astralleib vor, dann tritt uns das cholerische Temperament entgegen.
Waltet der Ätherleib vor, dann tritt uns das sanguinische Temperament entgegen.
Waltet der physische Leib vor, dann tritt uns das phlegmatische Temperament entgegen.
Diese Dinge gliedern sich beim späteren Menschen (nach der Pubertät) etwas anders.«
Die Vorträge vom 5.1.1909 und 19.1.1909 in München und Karlsruhe behandelten die Temperamente beim Erwachsenen.

Wenn sich die Wesensglieder aber nicht harmonisch untereinander und mit den Temperamenten entwickeln, kann bei einem Teil der Kinder diese, im landwirtschaftlichen Kurs angesprochene Emanzipation, nicht vollständig stattfinden, so dass etwas Pflanzenhaftes oder Tierhaftes in ihnen zurückbleibt. Über dieses Pflanzenhafte oder Tierhafte wirken dann die Planetenwirksamkeiten – insbesondere die Mondenwirksamkeiten – in diese Kinder hinein und beeinflussen Harmonie und Disharmonie, denn sie kollidieren mit dem Sonnenrhythmus, welcher normalerweise unser Leben bestimmt. Dieses betrifft besonders Sympathie und Antipathie, welche nun von Mondenrhythmen beeinflusst werden, so dass diese Kinder bei bestimmten Mondphasen ganz bestimmte Farben, z. B. blau oder gelb bevorzugen.

Wenn **Sie** nun vergleichen, was in der Allgemeinen Menschenkunde über die Willensbildung und das Gedächtnis gesagt wird (2. Vortrag v. 22. 8. 1919), so wird klar, dass der Wille und das Gedächtnis dieser Kinder nicht in gewohnter Weise von ihnen gehandhabt werden können, wenn die Mondenkräfte dieses verhindern. Wir müssen also akzeptieren, dass diese Kinder Phasen haben, in denen sie **nicht können;** man tut ihnen sehr unrecht, wenn man ihnen in diesen Phasen vorwirft, sie wollten nicht.

Im 3. Vortrag sagt Rudolf Steiner im ersten Satz: »*Der gegenwärtige Lehrer müßte im Hintergrunde von allem, was er schulmäßig unternimmt, eine umfassende Anschauung über die Gesetze des Weltenalls haben. …*« Wenn er dieses hat, wird er das Verhalten der Kinder im Zusammenhang mit den Planetenrhythmen und besonders den Mondenrhythmen in Bezug bringen können. Den Praxisbezug dieses Vortrags kann man eigentlich nur herstellen, wenn man sich mit den Planetenrhythmen und deren kosmischen Wirksamkeiten auf den Erdorganismus mit Mineralreich, Pflanzenreich, Tierreich und Mensch befasst hat. Weiter heißt es dort: …»*Daher ist es nicht bedeutungslos, ob der Mensch auf der Erde lebt oder nicht. Es ist einfach nicht wahr, dass die Erdenentwicklung in Bezug auf das Mineralreich, Pflanzenreich und Tierreich auch dann vorwärtsgehen würde, wenn der Mensch nicht dabei wäre! Der Naturprozeß ist ein einheitlicher, ein geschlossener, zu dem der Mensch gehört. Der Mensch wird nur richtig vorgestellt, wenn er selbst noch mit seinem Tode als drinnenstehend in dem kosmischen Prozeß gedacht wird.*« …

Dieses »Drinnenstehen im kosmischen Prozess« nehmen wir bei uns und anderen fast immer nur dann wahr, wenn die Harmonie zwischen den Wesensgliedern gestört ist; wenn sich eine Störung oder Krankheit zeigt. Gerade bei den so genannten »schwierigen Kindern« ohne eine klare medizinische Diagnose, können wir wirkungsvoll helfen, wenn wir davon ausgehen, dass diese Entwicklungsstörung innerhalb der harmonischen Entwicklung der Wesensglieder untereinander oder der Wesensglieder zu den Temperamenten liegt. Die Kinder, welche von Mondrhythmen »gesteuert« werden, zeigen dieses oft sehr klar, zumal in den meisten Fällen der physische Leib weitgehend gesund ist und ihre Störungen so gesehen eigentlich keine Ursache haben könnten. Dazu kommt, dass sie in ihren positiven Phasen oft einen hohen IQ haben, der einen geistigen Defekt oft ausschließt, wodurch ihre negativen Phasen meistens unerklärlich werden. Hier wird meist nicht bedacht, dass durch eine nicht harmonische Entwicklung der Wesensglieder die vollständige Emanzipation von der Welt, vom Weltall oder Kosmos nicht vollzogen werden konnte.

Im 12. Vortrag der allgemeinen Menschenkunde schildert Rudolf Steiner ausführlich, dass wir ständig etwas Pflanzenhaftes in uns erzeugen durch unser Rumpfsystem, welches aber sofort durch unser Kopf-Gliedmaßensystem wieder aufgelöst wird.

Wenn dieser Prozess bei einem Kind nicht im Gleichgewicht ist, wenn das Kopf-Gliedmaßensystem dieses Pflanzenhafte nicht vollständig auflösen kann, hat dieses Kind ständig etwas zu viel Pflanzenhaftes in sich, welches wie die Pflanze nicht von der äußeren Welt, dem Kosmos, emanzipiert ist und somit auf den entsprechenden Mondrhythmus, den Rhythmus des aufsteigenden und absteigenden Mondes, reagiert und dadurch phasenweise das rhythmische und harmonische Zusammenspiel der Wesensglieder untereinander und/oder den Temperamenten stört.

Das Gleiche ist es, wenn in einem Kind das Tierhafte nicht vollständig umgewandelt werden kann. Der Unterschied liegt darin, dass dann das Kind von einem anderen Mondrhythmus, vom siderischen Mond, beeinflusst wird.

Ebenso kann man auch den 6. Vortrag der allgemeinen Menschenkunde in Bezug bringen mit dem, was im landwirtschaftlichen Kurs und in den Bienenvorträgen über das Ätherische und die Astralität in der Natur und deren Beeinflussung durch die Mondenkräfte gesagt wird, so können Sie ein Verständnis für die Kinder entwickeln, welche in der verschiedensten Weise auf einen der Mondrhythmen reagieren.

Auch im 8. Vortrag, in welchem Rudolf Steiner über die verschiedenen Sinne spricht, finden Sie diese Zusammenhänge, denn der ICH-Sinn kann bei diesen Kindern zeitweilig seine Funktion nicht ausüben, weil das vom Mond beeinflusste Pflanzenhafte oder Tierhafte dieses nicht zulässt. Gerade bei den Kindern, welche auf den aufsteigenden und absteigenden Mond reagieren, wird dieses oft sehr deutlich, wenn wir ihr Verhalten im Zusammenhang mit diesem Mondrhythmus sehen. So haben es einige dieser Kinder zeitweilig (nur in ihrer Negativphase) schwer, Aufgaben im Formenzeichnen nachzuvollziehen, weil sie neben der Farbe die Form nur eingeschränkt wahrnehmen können, oder sie malen an Stelle von gelb generell blau, wenn man sie nicht korrigiert (was bereits einen Koller auslösen kann). Nach dem Mondwechsel können sie dann diese Dinge wieder so machen, beziehungsweise »richtig machen«, wie alle anderen Kinder in der Klasse auch.

Hans E. Schumacher, September 2011

Anmerkungen

Die Nummern der geeigneten Farben der Wachsblöckchen bei Stockmar sind: 02 Zinnoberrot, 05 Zitronengelb, 09 Blau

Die Textstellen aus den Vorträgen von Rudolf Steiner in der alten Rechtschreibung belassen.
Wenn Sie selber mit Himmelsbeobachtungen anfangen wollen, kann der »Sternen- und Planetenkalender« von Liesbeth Bisterbosch, Verlag Urachhaus, Stuttgart, sowie das Computerprogramm »Stellarium«, als Freeware unter www.stellarium.org herunter zuladen, sehr hilfreich sein.

Für Rückfragen und Kontakt:
Hans E. Schumacher, Buchenweg 42, 63452 HANAU
Phon: 06181-17654
Mail: schumismaerchen@versanet.de

Literaturhinweise

Rudolf Steiner: Gesamtausgabe, Allgemeine Menschenkunde, »Landwirtschaftlicher Kurs und mehrere andere Vorträge, Stellenangaben im Text
Guenther Wachsmuth: Mensch und Erde
M. Thun: Aus der Konstellationsforschung
M. Thun: Aussaattage, verschiedene Jahrgänge
Barbara Goletz: Lernfähigkeit im Zusammenhang mit kosmischen Rhythmen, Beobachtungen einer Lehrerin
Plato: Kritias, Timaios
Markus Wiesenauer, Michael Elies: Praxis der Homöopathie

Auf der folgenden Seite ist der Versuch einer Zusammenstellung der Zuordnungen, welche Rudolf Steiner in verschiedenen Vorträgen im Zusammenhang mit den »**Wesensgliedern**« gesagt hat (**kein Dogma!**), Ableitungen aus den Karmavorträgen – Menschheitsentwicklung.

Physischer Leib	Ätherleib	Astralleib	Das ICH
alter Saturn	alte Sonne	alter Mond	Erde
Die heutigen	*Planeten:*		
Erde	Mond	Mars	Sonne
Die Trigonen des Tierkreises:			
Stier ♉	Fische ♓	Wassermann ♒	Widder ♈
Jungfrau ♍	Krebs ♋	Zwillinge ♊	Löwe ♌
Steinbock ♑	Skorpion ♏	Waage ♎	Schütze ♐
Die Elemente der Griechen:			
Die Minerale/Erde	Das Wasser	Die Luft	Die Wärme, das Licht
Die Bäume:			
Buchenbaum	Weidenbaum	Kirschbaum	Erlenbaum
Die Sinne:			
Tastsinn	Bewegungssinn	Lebenssinn	Gleichgewichtssinn
Geruchssinn	Genusssinn	Sehsinn	Wärmesinn
Hörsinn	Sprechsinn	Denksinn	Ich-Sinn
Die Temperamente:			
Phlegmatisch	Sanguinisch	Cholerisch	Melancholisch
Die Rechenarten:			
Addieren	Subtrahieren	Multiplizieren	Dividieren
Die Künste:			
Malerei	Dichtkunst	Bildhauerei	Musik
(Mischfarben)	(blau)	(rot)	(gelb)
Harmonie	Melodie	Rhythmus	Kontrapunkt
Klavier	Blasinstrument	Rhythmusinstrument	Seiteninstrument
Chorsingen	Orchesterinstrument	Soloinstrument	Sologesang
Die Evangelien:			
Mathäus	Lukas	Markus	Johannes

Achtung: Die Temperamente entsprechen den Temperamenten im Kindesalter, vor der Pubertät! Innerhalb der Pubertät tritt hier oft eine Verschiebung auf.